Ulrich Schaffer

Bewusster leben

Mit Fotografien des Autors

Kaufmann Verlag

Bewusster leben

Mit dem Alter können wir bewusster werden, weil wir mehr und mehr dazulernen und auf dem Höhepunkt unserer Einsichten sind. Aber oft ist es nicht so. Viele Menschen scheinen nicht bewusster zu werden, ja, sogar in ihrer Bewusstwerdung oder in der Suche nach ihr abzunehmen. Manche haben den Einsatz, der nötig ist, nicht bewusst gemacht. Dann ist es möglich, älter zu werden, ohne dabei zu reifen. Bewusstwerdung ist eng mit Wachstum verbunden. Einerseits wollen wir nicht nur älter, sondern auch reifer werden. Das Leben besser verstehen – gütiger, geduldiger und verständnisvoller sein. Andererseits scheuen wir die Arbeit, die nötig ist, diesen Weg zu gehen. Bewusstwerdung kommt nicht von selbst.

Bewusst zu werden ist ein großartiges Angebot des Lebens. Hier ist es auch gerade im zunehmenden Alter möglich, eine Tiefe zu entdecken, die uns neue Räume öffnet. Hier können wir noch einmal zu Abenteurern werden. Bewusster zu werden kann beängstigend sein, aber es ist auch beglückend, weil wir spüren, wie wir uns selbst und dem Herzen unseres Lebens näher kommen.

Wer nicht bewusst wird, erschwert anderen das Leben. Die abgelehnte Verantwortung eines Menschen wird zur Last für andere. Darum ist Bewusstwerdung nicht nur etwas Persönliches und Privates, sondern etwas sozial Notwendiges. Bewusstwerden ist nötig, damit unser Leben ein Miteinanderleben wird.

Mit Vorsicht

Ich will bewusster reden,
ich will auf meine Sprache achten.
Ich will meine Gedanken, von denen die Worte kommen,
prüfen und erforschen.

Ich will bewusster schweigen,
und dabei spüren, ob die Stille gefüllt ist,
ob sie bedrückend oder beflügelnd wirkt,
ob ich in ihr untergehe oder aufblühe.

Ich will meinen Körper bewusster wahrnehmen,
will in ihm den wertvollen, alten Freund sehen.
Ich will auf ihn hören,
auf dieses stille Organ meiner Seele.

Ich will Menschen bewusster erleben,
ihre Nöte spüren, ihre Zurückhaltung.
Liebend will ich über Abstand und Nähe wachen,
damit aus beidem Leben entsteht.

Ich will die Zeit mit großer Aufmerksamkeit erleben,
will sie nicht bekämpfen, nicht verschwenden,
will sie füllen, wie ein kostbares Gefäß,
mit dem, was mir am Herzen liegt.

Sich entdecken

Mit jedem Schritt in die Bewusstwerdung
komme ich mir selbst etwas mehr auf die Spur.
Ich entdecke, wo ich mir etwas vormache,
was ich nicht ansehen will,
wie ich in einer Täuschung verharre,
wo ich mich gegen eine tiefere Einsicht verschließe,
und warum mir die Wahrheit zu schmerzhaft ist.
Jetzt ist mehr denn je die Zeit in meinem Leben,
in die Tiefe zu gehen und zu reifen.

Es reicht nicht, ganze Büchereien im Kopf zu haben
und sich an die Einsichten anderer anzuhängen.
Jetzt geht es um die Anwendung im eigenen Leben,
darum, zu verstehen, was hinter allem steckt,
was ich meinte schon längst zu verstehen.

Immer wieder stehen die Alternativen vor uns:
Wollen wir reifen, wachsen, bewusst werden,
oder wollen wir stagnieren, unreif bleiben,
nicht die geheimnisvollen Zusammenhänge verstehen?
An unserer Antwort hängt unser Leben.

Nicht von selbst

Bewusstwerdung kommt im Alter nicht von selbst.
Es reicht nicht, es nur zu erwarten und zu erhoffen.
Nur, was man bewusst und entschieden gesucht
und von Herzen verfolgt hat, tritt ein.

Weisheit ist Ausdruck eines Einsatzes.
Sie fällt niemandem als Geschenk in den Schoß.
Sie wird meistens mit Schmerzen bezahlt,
mit Desillusionierung und Enttäuschung.
Von selbst kommen mit den Jahren die Dinge,
die wir nicht wollen.
Alles andere müssen wir uns erarbeiten.

Aber zur Arbeit der Bewusstwerdung
gehört auch die Vorbereitung, sich beschenken zu lassen.
Vom Leben beschenkt wird der,
der etwas erhofft, der etwas herbeisehnt,
der sich bereithält, für den Augenblick der Einsicht,
für das Geschenk der Erkenntnis.
Die Kräfte des Lebens stehen hinter unserer Entwicklung,
wir müssen bewusst einwilligen.

Heimkehren

Ich selbst möchte mit meinem Wesen
im zunehmenden Alter
mehr und mehr eine Einladung sein
zu der abenteuerlichen Reise
in die dunklen Gebiete in uns,
in die weißen Flecken
auf der Landkarte unserer Seele.
Da gibt es ganze Kontinente,
die noch entdeckt werden können.
Da liegt verborgen in uns,
was uns zu besseren Menschen macht.

Jede Entdeckung legt etwas
von dem tieferen Sinn unseres Lebens frei.
So nähern wir uns uns selbst
und damit einander.
Wir bewegen uns auf das Herz des Lebens zu,
von dem wir stammen.
Bewusst zu werden heißt, heimzukehren.
Bei sich sein.

Etwas Besseres

Viele wünschen sich Menschen,
die bewusster mit ihnen umgehen,
sie wünschen sich echte Begegnung,
selbst wenn sie es nicht sagen.
Sie wünschen sich Ehrlichkeit,
selbst wenn sie davor zurückschrecken.
Sie erhoffen sich einen Austausch,
in dem ihr Leben wirklich vorkommt,
bei dem berührt wird, was sie umtreibt,
und nicht nur Gerede ist über dieses und jenes.

Auch ich wünsche mir diese Art Begegnung.
Ich habe Sehnsucht nach bewussten Menschen,
die nichts ausklammern,
denen ich das nicht verschweigen muss, was mir wichtig ist.
Ich möchte mit denen sein, die sich nicht nur oberflächlich
für meine Gedanken interessieren, in der Tiefe,
weil sie selbst auf der Suche sind
nach einem Leben, das sich zu leben lohnt.

Ich bin die Sackgassen satt,
die Floskeln, das Gerede, das peinliche Schweigen.
Ich bin mir zu schade für die Zeitverschwendung,
ich kann mir etwas Besseres vorstellen.

Wie sich die Welt öffnet

Je bewusster ich werde,
desto mehr wächst meine Geduld.
Je umfassender ich über etwas nachdenke,
desto größer wird mein Durchblick.
Je mehr ich mit dem inneren Ohr auf Menschen höre,
desto mehr wachsen meine Sanftmut und Güte.
Je genauer ich hinsehe,
desto mehr Kleinigkeiten zeigen sich mir
und mit ihnen verändert sich das Bild.
Je mehr ich mir vorstelle,
in den Schuhen eines Mitmenschen zu gehen,
desto mehr werden er und sie wie ich.
Je mehr ich loslasse, was ich zu wissen meinte,
desto mehr kann sich das Leben zeigen,
wie es ist.

Ich höre auf, die Welt schwarz-weiß zu denken.
Ich spüre die Tiefe, die in allem mitschwingt.
Ich merke, wie auch der vordergründigste Mensch
noch durchblutet ist
von einer Sehnsucht nach Erfüllung und Sinn.

Bitten

Beruhige mich nicht.
Schütte nicht zu, was aufgebrochen ist.
Halte mich nicht davon ab, den Dingen nachzugehen.
Überrede mich nicht, etwas zu glauben,
was ich nicht glauben kann.
Stehe mir nicht im Weg, wenn ich in die Tiefe gehe.

Entmündige mich nicht mit deinen Vorschlägen.
Entehre mich nicht mit billigen Antworten.
Verhandle mit mir nicht über Heiliges.
Beschwichtige mich nicht,
wenn ich mit der Oberflächlichkeit abrechne.

Belächele mich nicht, wenn ich
meine Sehnsucht nach mehr Lebendigkeit mit dir teile.
Versuche nicht, meine Leidenschaftlichkeit zu bremsen.
Antworte mir nicht mit Floskeln.
Spiele nicht mit, wenn ich vor mir selbst fliehe.
Verwöhne mich nicht, auch wenn ich dich darum bitte.
Schließe nicht die Augen, wenn ich mich selbst betrüge.
Begleite mich nur, wenn du willst.

Bewusst auf meine einmalige Weise

Ich möchte das Rad nicht noch einmal erfinden.
Ich möchte da weitermachen, wo andere vor mir aufgehört haben.
Ich muss die Entdeckungen meiner Vorfahren
nicht wiederholen, sondern ich will sie leben
und sie auf neue Weise in meinem Leben gestalten.
Ich möchte die Bewusstwerdungsarbeit,
die andere vor mir geleistet haben,
zu meiner eigenen machen.

Ich stehe in einer langen Reihe von Menschen,
die mir das bewusstere Leben erleichtern.
Ich stehe auf ihren Schultern,
ich lebe von ihren Einsichten,
ich höre und sehe ihre Erkenntnisse.
Ich bin beschenkt mit ihren Lösungen.

Jetzt bleibt mir nur noch zu tun,
was niemand anders für mich tun kann:
mein Leben in Licht zu tauchen
und bewusst zu werden,
wie es keiner vor mir war
und es keiner nach mir sein wird:
auf meine einmalige Weise!

Einsicht

Ich bin
nur verantwortlich
für das,
was mir bewusst ist,

aber ich bin verantwortlich,
dass mir
immer mehr
bewusst wird.

Darin
entspanne ich mich
und spanne
mich an.

Der alte Käfig

Ich will die Lehren loslassen,
die Käfige, in die mein Glaube Gott gesteckt hat.
Ich will ansehen, was ich glaube,
es abklopfen, prüfen und schmecken,
ob es noch für mich stimmt.

Bewusster glaubend will ich mich weit machen,
damit Gott unbeengt in dem Meer
in mir leben kann.
Unsere Größen sollen zueinander finden.

Am Ende will ich Gott lassen,
wie er mich gelassen hat,
damit wir uns finden,
nicht im Karussell der Gedanken,
nicht an einem gewissen Ort
oder in schwierigen Gedanken,
sondern in der weiten ewigen Gegenwart,
die keinen Namen trägt,
keine Vorstellung braucht
und keinen Inhalt hat,
als nur Gott und mich,
die nicht mehr zu trennen sein werden.

Was ich will, ein Credo

Ich will die Welt mit meinem Leben
weit und groß machen
und ihr Dimensionen geben,
die sie vor mir nicht hatte.
Ich will meine Kleinkariertheit überwinden,
und nicht länger in die Sicherheit bekannter Gedanken fliehen.
Ich will mich aussetzen.

In meinem Denken und Handeln
will ich etwas wagen.
Ich will die Haltungen üben,
aus denen Leben entsteht.
Ich will meinem Leben Tiefe geben,
auch wenn damit Schwere verbunden ist.
Ich will mir bewusst machen,
was ich fürchte, und es mit Mut überwinden.
Ich will von Tag zu Tag,
von Jahr zu Jahr bereit sein,
neue Wege zu probieren,
in der Freiheit eines Menschen,
der nicht fertig, sondern noch am Entstehen ist.
Ich will bewusster werden,
um die Trennungen aufzuheben.

Ich will nicht mehr glauben,
die Dinge und Menschen
beim ersten Anschauen verstehen zu können.

Ich will nicht wie selbstverständlich das glauben,
was andere vor mir geglaubt haben,
ohne es genau zu untersuchen.
Ich will mich noch herausfordern lassen
von der Veränderung der Welt und ihrer Menschen.
Ich will mich nicht bewegen wie ein Mensch,
der alt und verbraucht ist, weil ich es nicht bin,
wenn ich bereit bin, mich innerlich zu erneuern.

In meiner Liebe will ich wachsen wie einer,
der keine Grenzen anerkennt.
Ich will mich selbst durchschauen und nicht erschrecken.
Ich will mich nicht verwöhnen,
indem ich mich mit Vordergründigem zufriedengebe.

Ich will wachsam sein für das Unausgesprochene,
für das Gehemmte und Zurückgezogene.
Die stillen und versteckten Wünsche
von Menschen, die mir nahe stehen,
will ich wie meine eigenen wahrnehmen.
Ich will mir in meinen Gedanken nichts verbieten
und nichts verbieten lassen.

Im Fluss der Dinge

Der bewusste Mensch ist Gott nah.
Er ahnt etwas von den Zusammenhängen,
die verborgen sind.

Der bewusste Mensch steht im Fluss der Dinge.
Er erkennt die Vorläufigkeit aller Unternehmungen
und die Schönheit dieser Vorläufigkeit.

Der bewusste Mensch lebt aus der Tiefe.
Er begreift, dass nichts das ist,
was es zuerst zu sein scheint.

Der bewusste Mensch ist dem Leben nah,
weil er sich nicht in Illusionen verliert
und sich selbst nicht verwöhnt.

Der bewusste Mensch sieht mehr als das, was vor Augen ist.
Weil er Not kennt, sieht er mit dem Herzen.
Er hört das Ungesagte im anderen.

Der bewusste Mensch ist sich selber nah.
Er spürt seine Grenzen
und innerhalb dieser Grenzen seine Grenzenlosigkeit.

Mit Sinnen zum Sinn

Bewusster leben,
nicht nur bewusster denken.
Ich will die Welt fühlend erkennen:

Auf meiner Zunge schmecke ich den Honig,
aus arktischen Blüten gewonnen.
Ich spüre die vollen Körner im Schwarzbrot
und die Reife des Käses.
Johannisbeeren explodieren wie Wunder in meinem Mund.
Sogar die Luft hat einen Geschmack.

Mit meiner Nase entdecke ich, dass Gott auch Geruch ist.
Weinend glaube ich der frisch geschnittenen Zwiebel,
Zimt bringt mir Bethlehem näher,
das frisch gebackene Brot spricht vom Himmel
und ein winziger Tropfen Lavendelöl heiligt die Welt.

Ich übe, zu hören –
nicht nebenbei, nicht im Voraus oder hinterher –,
sondern wenn die Schallwellen mich erreichen:
die Stimme einer Sängerin, der Wind in den Tannen,
der prustende Seehund, die vielstimmigen Krähen,
die zarte Stimme deiner Zuwendung, die Stille, immer wieder sie.
Ich beginne zu hören, was ungehört blieb.

Mit meinen Augen bin ich erst ein schneller Überflieger,
verlangsame dann meine Reise
und zehre am Ende von dem Licht an aufrechten Espen,
von den vielen Blautönen des Wassers und der Luft,
von der Silberstraße, auf der der Mond
von den Inseln zu mir kommt.
Auf meiner Regenbogenhaut steht
wunderbar gebogen der Regenbogen.
In mir malen meine Augen Welten.

Durch meine Fußsohlen
treten Erde und Stein in mein Bewusstsein.
In meinen Füßen spüre ich meine Nieren,
meine Galle, die Verspannung meines Rückens.
Ich erlebe bewusst,
dass ich ein Netzwerk von Empfindungen bin.
Regen läuft mir wie Tränen die Wangen hinunter.
Noch während die Sonne am Himmel steht,
spüre ich schon den ersten kühlen Abendhauch.
Die Wärme deiner Hand reicht bis in meine Seele.

Unter allem, was ich denke, bin ich wohltuend nackt.
Ich bin nicht meine Gedanken, ich bin keine Theorie,
ich bin nicht, was ich glaube. Und selbst da, wo ich es bin,
bin ich gleichzeitig immer viel mehr.
Meine Sinne weisen mir den Weg in den tieferen Sinn.

Das Große

Bewusst zu werden heißt nicht immer nur,
dich selbst besser zu verstehen,
deine Motive zu prüfen,
zu wachsen und zu reifen.
Es kann auch das Stillstehen sein,
dieses Ruhen im Herzen der Welt,
und von dort aus das Leben wahrzunehmen
ohne zu urteilen und zu vergleichen,
ohne Feststellungen und Einschätzungen zu suchen,
und dann am Ende über das Denken hinauszugleiten,
wie ein Schiff, das aufs Meer treibt.

Da gelten nicht mehr die Regeln des Festlandes,
nicht mehr die Sicherheit des Bekannten,
nicht mehr die Spuren im Sand,
sondern nur noch die Weite, die Gischt der Wellen,
das Licht am Horizont.

Da tritt das Große,
das keiner Erkenntnis gleicht,
ins Bewusstsein.
Da leuchten nachts die Sterne
im stillen Wasser.

Ulrich Schaffer
wurde 1942 in Pommern geboren und wanderte 1953 mit seiner Familie nach Kanada aus. Er wuchs im Norden von British Columbia auf, zog mit 18 Jahren nach Vancouver, studierte dort und in Hamburg Anglistik und Germanistik und unterrichtete 10 Jahre lang an einem College. Seit 1981 ist er freiberuflich Schriftsteller und Fotograf. Die Gesamtauflage seiner Bücher beträgt über fünf Millionen.
Ulrich Schaffer und seine Frau Waltraud Schaffer leben in Gibsons, einem kleinen Ort an der Küste von British Columbia, der nur mit Fähre oder Wasserflugzeug zu erreichen ist. Sie haben zwei erwachsene Töchter, Kira und Zilya.

ulrich schaffer

www.ulrich-schaffer.com

Die Buchreihe über erfülltes Älterwerden.
Es geht um Ermunterung, Begleitung und Herausforderung.
Vielleicht kann es uns gelingen,
auf eine erfüllte und lebendige Weise alt zu werden.

Bibliografische Information Der Deutschen Bibliothek

Die Deutsche Bibliothek verzeichnet diese Publikation in der Deutschen Nationalbibliografie; detaillierte bibliografische Daten sind im Internet über http: // dnb.ddb.de abrufbar.

Konzept, Texte, Fotografien: Ulrich Schaffer
Design, Layout und Umschlaggestaltung: Ulrich Schaffer
Autorenfoto: Waltraud Schaffer
Printed and bound by Leo Paper, China
ISBN 978-3-7806-3063-6